AF452736

Croquis Parisiens

GEORGES MONTORGUEIL

Croquis Parisiens

LES PLAISIRS DU DIMANCHE

A TRAVERS LES RUES

ILLUSTRATIONS DIRECTES D'APRÈS NATURE

DE

GERVAIS-COURTELLEMONT

PARIS

ANCIENNE MAISON QUANTIN

LIBRAIRIES-IMPRIMERIES RÉUNIES

May et Motteroz, Directeurs

7, rue Saint-Benoit

Les Plaisirs du Dimanche

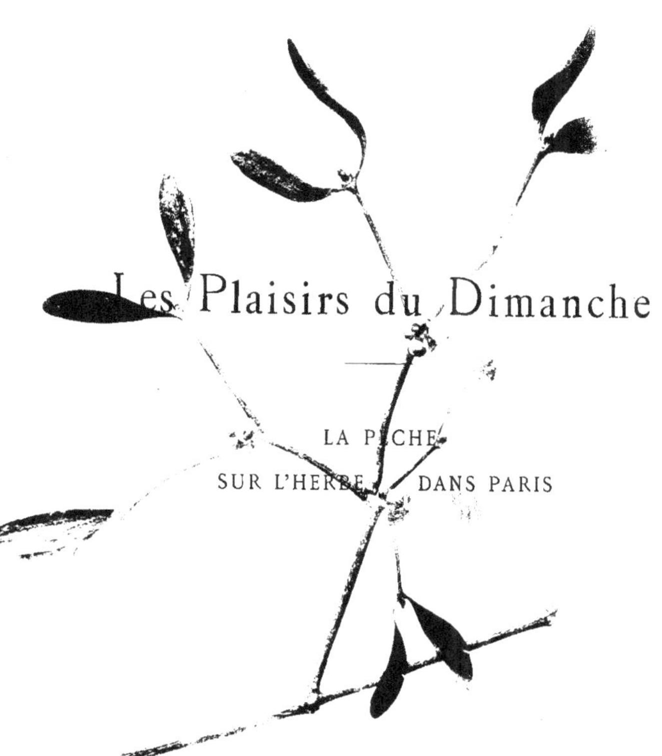

LA PÊCHE

SUR L'HERBE   DANS PARIS

Le bonheur n'a de prix qu'à bas prix.

Les grandes joies chez les humbles sont filles des petits plaisirs. Paris qui le sait, pour les siens tient l'article « Distraction » au rabais, mais seulement pour les siens. Qui n'est indigène ou naturalisé n'en apprécie l'attrait. Il est tout exotique. On ne goûte le sommeil sur l'herbe le dimanche, à Charenton, que si l'on couche toute la semaine sur la dure à Belleville. Hors le parisien, qui apprécierait le charme de l'attente docile aux pontons des berges?

Attendre est la sagesse du badaud. C'est le prélude de tout

spectacle qu'il se permet; souvent c'est tout le spectacle. Il attend aux stations, aux gares, aux théâtres, dans les rues, aux guichets, et partout résigné. Il attend la mariée, le corbillard, le train, l'ouverture des portes, la réponse de l'employé, l'assassin, le régiment, le tsar, l'omnibus, le Président, le bateau-mouche; tout cela, ou autre chose, ou rien. On vient, on passera là: on le lui a dit, et il attend. Ou il attend pour avoir vu que d'autres attendent, à la queue, à la haie, sans savoir. Et ce lui est assez d'expliquer ce qu'il fait là, quand il peut répondre, placide: « J'attends ». Quoi? Il ne sait pas: il attend. Attendre, c'est désirer. Voluptueux, il désire ainsi sans cesse, et il ignore, sage d'instinct, la souffrance du désir qui ne se réalise pas. De cette philosophie lui est née son âme de pêcheur à la ligne.

Combien sont-ils qui pêchent? Les dimanches parisiens se hérissent de joncs équipés en guerre. Des bataillons se lèvent à l'aube, qui vont prendre position sur les berges et les quais et sous les ponts. Ils se recrutent dans le peuple, sans distinction d'âge. Tout citoyen est dit capable d'entrer en ligne qui est en état d'en porter une. La troupe part confiante. Armée, elle l'est: de patience. Son aspect est irrégulier, mais débonnaire. Ses soldats n'ont point l'attirail pompeux du chasseur; un large chapeau contre le soleil, un panier d'osier, une boîte en fer-blanc, et le léger bambou qui quadrillera de lignes très fines, à peine mobiles, le paysage: tel est leur équipement.

Toute nouveauté s'épuise en vain à les vouloir distraire ou occuper. Ils fuient les réjouissances, dédaignent les 14 juillet; tournent le dos au Grand Prix. La cité frémissante courait au-devant du tsar que les acclamations le saluant ne détachaient point du bouchon flottant, circonspect et diplomatique, les yeux du bonasse pêcheur. La révolution a passé hurlante sur les ponts: il était dessous et ne l'entendit pas. Sa sérénité est admirable. Un prince oriental souhaita posséder la chemise d'un homme heureux; on trouva l'homme heureux : c'était un gueux qui n'avait pas de chemise. Le conteur omet de mentionner qu'on le rencontra, selon toute évidence, du Point-du-Jour à Charenton et à la ligne pêchant.

La pêche détourne des ambitions stériles, ou plutôt en détournait. Un tentateur est venu qui a incliné au péché d'orgueil ces philosophes de la gaule. Il les a conviés à des tournois. Ils se mesurent entre eux, dans une lutte passionnante. C'est à qui en prendra le plus dans un même temps donné, ou le moins. Leur gaieté bonne enfant se traduit dans un prix de consolation pour qui a retiré de l'eau le poisson le plus minuscule. Des médailles sont distribuées aux vainqueurs. Ils pêchaient pour rien, oh combien ! Ils pêchent pour la gloire. « Saül en a tué mille et David dix mille. » Ce cri, dit l'Écriture, mit la haine au cœur de Saül. Et les pêcheurs, à leur tour, connaissent l'angoisse de la rivalité dans leurs âmes devenues jalouses.

Elle n'est si exclusive, la pêche, qu'elle ne concède des droits à l'amour. Des couples s'en vont le dimanche, unis et tendres. Lui pêche, elle amorce — en quoi elle joue encore son rôle de femme. A l'hameçon, les mains de l'aimée, les mains aux divines caresses, accrochent l'asticot qui, dans l'agonie, se tortille. Ils se comprennent ainsi et la vie leur est suave.

La pêche est secourable au misanthrope. Malheur à l'homme seul — à moins qu'il ne pêche. Elle fait un univers au vieillard sans foyer, au retraité sans famille. Elle est patriarcale. Toute la maisonnée a part à la même joie. A l'ombre fraîche et verdoyante des plages séquaniennes, dans le tohu-bohu du dimanche, la tribu grouille. Le père sonde les mystères du fleuve, qui ne fut jamais plus discret : car l'onde, antique cristal, est devenue un limon fangeux. Quelques goujons, Mithridates de l'espèce, y vivent encore. Ils y sont isolés, mais le pêcheur vient qui leur tient compagnie, silencieux comme eux. Et la femme, subissant cette dure

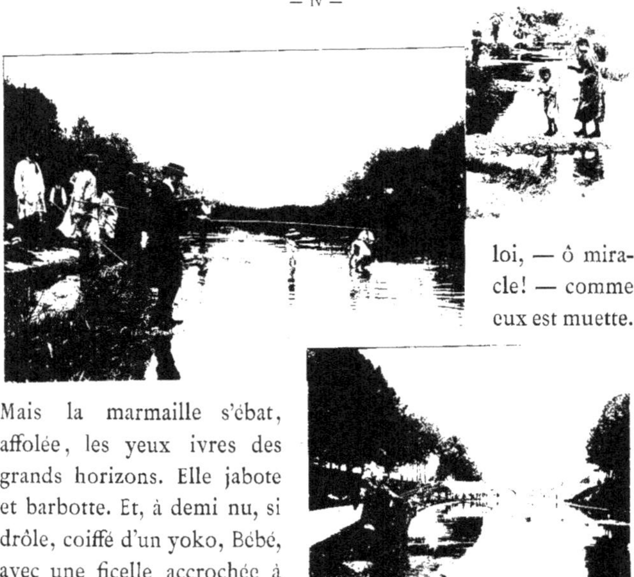

loi, — ô mira-
cle! — comme
eux est muette.

Mais la marmaille s'ébat,
affolée, les yeux ivres des
grands horizons. Elle jabote
et barbotte. Et, à demi nu, si
drôle, coiffé d'un yoko, Bébé,
avec une ficelle accrochée à
la canne à papa, pêche aussi.

On prend Trouville où l'on
peut : à Joinville ou à Chatou.
Il n'y faut que de l'imagination : on en a. Le tableau y
prête. Pour se croire à la plage,
ne voit-on point de l'eau, des
barques, des gens qui se bai-
gnent et, suprême illusion de la
mer, des petits garçons qui ont
des cols marins ? Il n'est jusqu'aux terrasses sur la plage où

la ritournelle d'un orgue de Barbarie n'évoque la musique d'un lointain Casino. Les petits – chevaux manquent peut-

être, mais on a les bonneteurs.

Ces attractions conviennent aux Parisiens qui, volontiers, villégiaturent en chapeau haut de forme. Le pêcheur, le vrai, fait fi de ces rumeurs. Il est tout à sa passion, insensible au pittoresque heurté du décor, à la symphonie violente des bruits.

Confondu dans la foule de ses pareils, il vit replié en soi. Son rêve au fil de l'eau flotte léger. Le bouchon de sa ligne en est l'image. Il espère, il attend. Au moindre appel du crin si fin qu'on dirait d'un cheveu de femme, une émotion, douce comme la brise sur l'eau, passe sur son âme et l'agite. Il retire l'hameçon, le rejette, le retire, le rejette encore. Sa constance n'a point les dédains du héron, et d'un simple goujon, heureux s'il dîne.

Il envisage l'éternité d'un cœur placide. Se pourrait-il que la mort même l'interrompt? L'immobilité qu'elle figure ne fut jamais pour l'épouvanter. Il l'a connue sur les rives où de Caron la barque n'abordait point, de longues heures au même lieu figé et traduisant à sa guise l'expression du poète : « Je hais le mouvement qui déplace la ligne. »

L'un d'eux crut devoir, par prudence, en son testament, insérer une clause : « Je lègue à mon neveu tous mes ustensiles, hors une ligne et quelques hameçons que l'on ensevelira avec moi. Je ne veux pas me trouver au dépourvu s'il y a de la pêche là-bas. » Des rieurs réalistes, soupçonnant que jusqu'à son dernier souffle qui pêcha reste fidèle à son péché, burinèrent pour un fanatique cette épitaphe :

> Ci-gît un pêcheur endurci
> Dont le bonheur doit être extrême,
> Car depuis qu'il repose ici,
> Il fait ses asticots lui-même.

S'il y avait des poissons dans l'autre monde, ce ne serait qu'une compensation. Il n'y en aura bientôt plus dans celui-ci.

La Seine, par le « Tout à l'Égout », n'a-t-elle pas vu décimer son peuple? Ce n'est plus le fleuve nourricier de jadis. L'haleine nocive des égouts souffle sur la nation aquatique et l'empeste. Le barbillon meurt ou fuit. Longtemps, le pêcheur au filet ou à la ligne de fonds, trouvant sa subsistance au cours de l'eau,

payait cher son monopole. C'était à l'époque lointaine des pêches
miraculeuses. On le voyait du haut des ponts, — spectacle encore
pour le badaud, — jeter dans l'eau, d'un ample geste et d'une
main sûre le filet aux mailles légales. Il le ramenait à lui, chargé
d'un précieux et frétillant butin. Le bouchon et la guinguette ne
mentaient pas qui disaient servir aux amateurs de la friture de Seine.
Le pêcheur au filet, vêtu de toile verte, comme un marinier a cessé
son marché, qui était marché de dupe, depuis déjà l'apparition,
à ce jour trentenaire, des premiers bateaux-mouches. Le remous
de cette flottille contrariait ses opérations que la pestilence des
collecteurs acheva de rendre stériles. Et, coup non moins néfaste,
interdiction fut faite à ces pêcheurs d'immerger leurs filets la nuit.
C'était livrer ce qui restait de poisson aux braconniers.

Alors les pêcheurs à la ligne jetèrent d'un pont à l'autre un
long cri d'alarme. Ils s'arrachèrent à leur légendaire torpeur. Ils
étaient le nombre, ils seraient la force. Ces isolés s'unirent pour la
bonne cause. Ils se formèrent en société fermière du cantonnement
de Paris contre les ennemis du poisson. Eux s'en disaient les pro-
tecteurs, dans ce sens hypocrite que la diplomatie donne au pro-
tectorat. Ils intéressaient les pouvoirs publics, offrant à des hommes
considérables leur présidence d'honneur.

Ils ont fait forger contre les braconniers des lois répressives : ils
y tiennent la main. Les plus acharnés guettent les délinquants. Par
les nuits sans lune, ils leur font la course, comme jadis les mate-
lots réguliers aux corsaires. Le paterne pêcheur dépouille le vieil
homme et décèle un front belliqueux. Il est terrible. Sur les flots,
il bataille à coups de revolver. Et tout ce bruit pour une ablette !
Mais il se console de ne plus prendre de goujons en prenant des
braconniers.

Tout aurait donc une fin, même la patience du pêcheur à
la ligne. S'en pourrait-on douter à le voir, tout le long de la Seine,

dans Paris, lazzarone de la pêche, couché, assis, juché, perché, à plat ventre et à califourchon, envahisseur des berges, des quais, des pontons et des radeaux?

Il jette sa ligne pour ramener, si le sort le favorise, de ces petites choses argentées en lesquelles une loupe pourrait peut-être reconnaître des poissons. Ce n'est pas assez pour sa friture,

c'est suffisant pour son honneur. Il ne revient pas à la maison n'ayant rien pris : il est rentré dans ses asticots...

Vous frémissez parfois, songeant à ce que deviendrait ce peuple de pêcheurs, si la Seine, trop peu saine, avait empoisonné son dernier goujon.

Rassurez-vous, il pêcherait encore!

Sur l'herbe

E parisien est herbophile. Chaque saison il lui faut paître. Il va aux champs ou à la mer se reposer quand, oisif, il n'est pas de ceux qui fatiguent. Laborieux et pauvre, il se donne l'illusion de la villégiature au plus près. Dès que le vert à ses yeux commence à poindre, il se dilate. Un brin d'herbe entre les pavés d'une rue peu passante l'incline aux bucoliques. De la graminée d'une vieille muraille issue, il fait tout un printemps. Par deux fusains en caisse, un marchand de vins transforme un trottoir aride en terrasse enchantée. On connut jadis un palais d'Armide : Mabille; on en vantait la fraîcheur. Il y avait là des palmiers. Ils étaient en zinc.

En ses diverses manifestations le parisien voue à la nature un culte ému. Le dimanche il rend ses devoirs pieux à l'herbe. C'était à deux pas quand Belleville méritait son nom et qu'on ne voyait pas à Montmartre plus de meunières que de moulins. Peu à peu la verdure disparut sous les moellons. La campagne devant la cité recula jusqu'aux fossés d'enceinte et les franchit. Où Bagnolet et son aveugle? Où les Lilas et Romainville? L'industrie a escamoté la nature. On monterait en vain chopiner à la barrière de la Chopinette : les cabarets y sont toujours, mais

l'étain des comptoirs a remplacé la vigne vierge de la tonnelle. Le plus prochain gazon est aux « fortifs ».

C'est ce mur murant Paris dont certains murmurent. S'il tombait, le faubourien en serait marri. Là est la campagne de ceux qui n'en ont pas d'autre. Une petite Suisse dessinée par un Lenôtre qui eût été Vauban. Flancs abrupts, précipices rectilignes, glacis en guise de glaciers, sentiers stratégiques conduisant en pente douce au sommet. De là haut, quel panorama ! La plaine Saint-Denis tout en cheminées d'usine! Et quel air! Pantin ! Çà et là, plus près, sur la zone pelée comme un dos

de chien galeux, des chalets; constructions hétéroclites en plâtras et en vieux cotrets, reprisées en papier d'emballage, matelassées en peaux de lapins. La grande culture y révèle son effort dans des potagers fermés d'échalas que festonnent des haricots.

C'est gai. C'est vivant. Puis on respire. Sur les cimes que le génie des hommes et les hommes du génie édifièrent, debout, fouetté du vent, on donne à ses poumons libre carrière. C'est un épanouissement de tout l'être dans la pleine nature revivifié. Si bien là, on tient en mépris les voyageurs encaqués dans le train au panache bleu, là-bas, qui vont chercher si loin un bonheur qui était à portée de leurs pas. Les fortifications, c'est la nature qui s'arrête à l'octroi pour ne pas payer d'entrée. Hors quelques arbres, depuis la guerre abattus, rien ne lui manque dans la gamme des émotions. L'excursionniste s'y tue comme au Mont-Blanc. Il y a jusqu'à des brigands. Savez-vous qu'on n'en trouve pas toujours même en Calabre! L'ombre parfois se fait avare : mais qui se vautre en fait avec sa casquette. Les bonnes siestes bercées d'un tumulte joyeux! C'est autour de soi comme une nappe de silence brodée de clameurs rieuses et claires. La pensée s'y engourdit, dans un demi-sommeil, et les yeux au ciel, au ciel des dimanches d'été, tout constellé du vol des cerfs-volants.

Il est des parisiens que leur esprit aventureux pousse au delà des fortifs. Ils ont lu les grands voyageurs : ils rêvent du tour du monde, s'embarquent, et à Asnières descendent.

Ils veulent des bois qui soient des bois. L'affiche illustrée aux gens cossus offre les Pyrénées ou l'Auvergne, mais ils lisent les écriteaux sans façon qui s'adressent au peuple : « Venez respirer l'air pur de Saint-Mandé. » Invite irrésistible. Vincennes est le bois sacré plus cher aux Musettes qu'aux Muses. Il n'a pas les manières pincées du bois de Boulogne, son chic, ni son élégance. On y

vient sans flaflas, le veuf avec ses petites, la patronne avec ses ouvrières, la mère avec sa couvée. L'herbe est à la fois nappe et drap : on dîne dessus et l'on se couche dedans. Chacun fait comme chacun. Pas de chipie qui se moque. Pas d'enfants peignés comme des petits chiens, pas de petits chiens habillés comme des enfants. On y est à la bonne franquette, entre soi. Les femmes ôtent leurs chapeaux et les hommes leurs redingotes. « De la pose, ah ! malheur ! »

Plaisirs variés. Il y a des boules. Il y a des ballons. S'ils se dégonflent, on fait le regonflage à la minute, à l'entrée du bois. Le cadre se prête aux jeux innocents. La jeunesse, gourmande d'autres friandises que celles que le patronnet débite aux miochés perplexes, conçoit pourquoi le colin-maillard a traversé les âges. « Je parie que vous ne m'attraperez pas », dit-elle. Et lui de la poursuivre, les yeux bandés, aveugle comme l'amour. Une scène de Watteau dans un décor de Puvis de Chavannes !

Nous sommes au pays des fêtes galantes. Il est fâcheux que la leçon de flûte s'y change souvent en leçon de bicyclette. L'élève docile, vite éduquée, se dévoue à la seule bécane. Délectation morose ! Sa mélancolie s'accuse dans

le bois où chacun
s'en va avec sa cha-
cune. Jusqu'à la

bonne d'en-
fant qui,
à proximité
du fort, libre l'après-midi, marivaude
en emportant un dragon sous son bras.

O reli-
gion du vert!
C'est la cou-
leur préférée
des parisiens.
Il y a là un
ressouvenir

de la forêt lutécienne, maternelle à ses aïeux. Il aime la campagne et lui va présenter ses hommages l'été, mais muni d'un billet de retour. Au coucher du soleil, avec le serein, son enthousiasme fraîchit. La poésie des nuits le pénètre, mais il s'inquiète de l'omnibus qui sera complet. Il fausse compagnie aux étoiles dès qu'il soupçonne que les becs de gaz s'allument. Le bonheur d'aller aux champs se complète toujours pour le parisien de la joie d'en revenir. Il rentre embarrassé de bouquets dont le charme s'évanouit avec les couleurs. Ça ressemblait à des fleurs quand il les cueillit et maintenant, comme lui, affalé sur la banquette, ça a tout au plus figure de foin. Il les rapportera quand même à la maison. « Bouquet fané, fleurs sans parfum. » Ça lui rappellera les fortifs, la charcuterie sur le gazon de Vincennes, le bois, ses sentiers remplis d'ivresse et semés d'os à gigots.

La pelouse aussi est verte à Longchamps et verte comme un tapis vert. A cette circonstance elle doit de se prêter au petit jeu franc et loyal qui n'est cependant pas le bonneteau : les courses. Est-ce encore l'herbe qui y attire le badaud? Il assure que le cheval, dont il est la plus noble conquête, n'y est pas étranger. Il coopère à l'amélioration de la race chevaline et villégiature de surcroît.

L'amour, certes, ne lui fait pas la route. La cote est hostile au flirt. On voit bien quelques amants égarés sous l'ombrelle; ils se sont trompés de parcours. Eux s'amusent. D'autres, derrière les grillages, s'ennuient. La plupart jouent. Ce n'est alors ni un ennui ni un plaisir, c'est une fonction.

L'enfer dont ils font leur paradis s'ouvre pour vingt sous. Tout autre passe-temps, ailleurs, leur semblerait fade. Ils viennent pour ce qu'ils sont sûrs de trouver, le Hasard. Il est là, dieu mystérieux de la pelouse, équipé et machiné. Il opère par des trucs. Des tableaux se hissent, des numéros sortent des trappes poussés

par d'invisibles ressorts. C'est
Robert-Houdin que cachent ces
paravents ou la Fortune. Le hasard favorise la superstition. Ses

fidèles usent de tout : des
oracles d'un vol de ramiers,
d'une couleur de casaque,
de la lettre capitale d'un
nom. C'est à qui fera sa cour
au sphinx dont les œdipes sont les « tuyaux ».

Le tuyau est le messager subtil qui chuchote l'avis. On ne sait
d'où il vient. Est-ce des écuries, du pesage, de la ville, des jour-
naux? On le dit tombé de la poche d'un jockey, du mouchoir
d'un entraîneur; la maîtresse du propriétaire l'a donné à qui

l'ondula. Car ça se donne; ça se vend aussi. Le loqueteux fait commerce de probabilités, « Dix centimes le tuyau », et personne ne s'avise de la superbe abnégation de ce gueux qui, possédant le moyen de s'enrichir, ne s'en sert pas tout le premier.

Champ de courses, mais parc, à la vérité, où sont parqués les moutons de Panurge que le jeu tondra. Leur laine tombera sous les longs ciseaux du pari mutuel, dont les cabanes, avec leurs bergers, sont là. Autour, c'est le troupeau passif qui apporte sa laine par flocons de cinq francs. Épargné un coup, il sera repincé l'autre. La tonte est obligatoire. Trop écorché, à peine s'il bêle. De sa déveine, il accuse le jockey maladroit, le cheval obstiné, le propriétaire félon. Il ne s'accuse! ni n'accuse le hasard, son dieu. Il se console de sa perte en songeant à combien peu tenait son gain. Le vainqueur : il l'allait prendre; il l'a conseillé à d'autres. Il avait ce tuyau, il ne l'a pas joué. Il se rattrapera ou sera rattrapé. Il compte une course touchée, quatre perdues. C'était son pain, celui de ses petits. « Mes enfants, serrez-vous le ventre, Flibustier n'est que placé. » La dernière est courue.

Les fouets claquent, les aboyeurs crient les itinéraires, les chars à bancs au quadruple attelage s'ébranlent. Dans les trains de banlieue, l'on braille et l'on crie, car il n'y a que des citadins gris de plein air. La voiture des courses est sinistre comme une civière : elle cahote des décavés; moue chagrine, front rembruni; leur chimère chevauchant déjà l'étique rossinante des pronostics de demain...

A regarder cette jeunesse morne, qui, pour voir de plus loin sa déveine, transplante à Longchamps l'arbre de Robinson; ces commères avachies qui vidèrent sur la pelouse les bas qu'elles auraient dû y tricoter; ces filles qui repassèrent au jeu de hasard ce qui leur venait des jeux de l'amour; ces petits ménages qui ne font plus que la navette entre Auteuil et le Mont-de-Piété; à regarder cette populace absorbée en sa passion déprimante, on finit par trouver un sens au cri du camelot : « Demandez le résultat des courses... »

Le dimanche, cependant, la pelouse n'a pas trop mauvaise façon. On y coudoie des petites gens qui ont donné ce but à leur excursion dominicale.

Ils aventurent seulement leur pièce de cent sous et s'en tiennent là. Ne se flattant pas d'être entendus en performances, ils se décident plutôt par caprice. Il leur arrive de sortir de perplexité en tirant du fond d'un chapeau le nom de leur favori; c'est celui d'un canasson honteusement méprisé qu'ils prennent quand même. La Providence comble les innocents. C'est leur outsider qui arrive; il fait des cent francs pour cinq francs; ils palpent et passent pour très forts. « C'est quelqu'un, tu sais, disent les professionnels, il a touché « Fichue-Rosse »! Et voilà comment il est établi qu'à tout prendre, aux courses, le meilleur tuyau c'est peut-être encore le tuyau de poêle.

Un autre moyen de ne jamais perdre, c'est peut-être de ne jamais parier. Que faire alors à Longchamps? Mais rien, regarder.

Il est si délicieux, le pittoresque, là, sans les paris. Le badaud aux mains ballantes s'y complaît. Le tourlourou, que sa pauvreté garde des tentations ruineuses, s'y montre, à son ordinaire, placide et satisfait. Les chevaux ne l'y attirent point, mais la payse. Il baguenaude une fleur aux dents; à la main, une branche que son couteau émonda. Son garance numéro un s'épanouit, martial coquelicot, dans l'herbe où s'ébattent des petits bleus de six ans, galonnés comme des « de la classe ».

Mais la promenade du bon pioupiou, c'est le jardin public. Il y fête une verdure à son image disciplinée, une herbe qui a des consignes, une pelouse boutonnée à l'ordonnance et tenue à l'œil par un ancien : le garde, digne et très décoré.

L'armée en nos parcs se manifeste pacifique avec ce vigilant briscard maintenant paternel; avec les petits lignards de la musique qui versent une heure durant des flots d'harmonie sur les fronts de sueur ruisselants. Quel air n'est le bienvenu, fût-il de flûte? A l'entour, dans une extase qui, par trente degrés à l'ombre, n'est peut-être que de la torpeur, les dilettantes écoutent ou y tâchent. Les moins accablés, que le trombone réveille, battent la mesure, d'ailleurs à contre-temps. Ils sont heureux, béats, et ils ont raison.

Quel grand seigneur se peut flatter d'une promenade plus charmante sous de plus luxueux ombrages?

Sur un gazon tondu à la Bressant, des corbeilles s'étalent, peintes de fleurs vives. Des

essences rares, inconnues à nos régions, trompées par des soins savants, magnifiquement sup-portent leur exil. Dans la glace des lacs les bambins se montrent des poissons riche-ment vêtus, et le cygne, comme pour des châtelaines, incline son col altier à l'appel des mains familières. Et l'écho, enfin, se férie par-fois des sons d'une fanfare.

Ceux qui viennent là sont aussi les dévots du vert, mais d'un vert joli, un peu compassé, endimanché ainsi qu'eux. Puis, c'est comme

dans les romans de M. Richebourg, où, vous savez bien, il y a toujours une jeune fille pauvre qui rêve dans un grand parc...

Dans Paris

E décor change, le dimanche déplaçant l'activité. Le mouvement cesse par le chômage dans la rue industrielle et commerçante, et l'animation croît sur tels points la semaine déserts. Le bruit et le silence permutent.

On ne peut pas toujours aller à l'herbe. Le printemps a l'habitude de ne venir qu'en mai, et s'il vient. Le lilas est essentiellement éphémère. Quand les bois ne sont pas feuillus et que le froid a brouté le vert des pelouses, Paris visite Paris. Il y a réception dans les musées. Un temps fâcheux éveille des sensations d'art dans l'âme confuse des foules. Elles se rappellent, la bise pinçant, qu'il y a des chefs-d'œuvre au Louvre et des calorifères. Mais si, d'aventure, on a des parents de province, la Vénus de Milo est lâchée pour la girafe. On les mène au Jardin des Plantes vers des animaux « comme y n'en voyons point cheux eux ». Les bêtes, ça les connaît. Ils sont tout de suite en famille.

Autres lions, mais mutilés, les invalides reçoivent aussi le dimanche, populaires d'une pittoresque popularité d'Épinal. Le parisien cocardier les respecte, les tenant pour les héros et les témoins des grandes guerres. Ces nobles débris à ses yeux sont ceux des vieux de la vieille ; Napoléon les tutoya et s'ils n'ont plus de membres, c'est qu'ils les perdirent à Waterloo. On ne fera jamais s'imaginer à un badaud que les souvenirs d'un invalide de soixante ans ne remontent pas à 1805.

Les canons dans la cour sont des trophées qu'ils ont pris. Autour, on fait cercle. « Turenne dormait là-dessus », dit à son fils un papa qui sait l'histoire. Il n'est assistant qui ne regarde dans le trou comme dans une lunette. On hisse jusqu'à la gueule Bébé.

L'innocent entoure de ses petites mains le corps du monstre, et, pour l'effrayer, faisant « hou ! hou ! », éveille du canon l'âme assoupie.

Badinage gracieux dont

rient les mères, oubliant tous les enfants qu'à d'autres mères tua ce monstre de bronze quand sa gueule, maintenant badine, crachait la mort...

Les deux grandes forces mili-
taires du pays sont son armement et sa flotte. On voit l'armement
aux Invalides. La flotte est au Luxembourg — dans le bassin. Un
armateur pour petits garçons qui ont
des bérets brodés en or au nom du
« Flamboyant » ou de l' « Indomp-
table », dispose de toute une escadre.
Il en coûte quelques sous de l'heure
pour mettre à la voile un trois-mâts.
Poussé par une baguette et une bonne
brise, il s'éloigne sur le vaste océan. Il
prend le large et double au centre, sous le jet — cette trombe —
le cap des tempêtes. Sa voile, souffletée du grain, s'incline ; il va
naufrager, se per-
dre, quand sou-
dain, redressant
sa fine mâture, il
reprend sa course
vers le port où la
badine d'un ma-
rin de dix ans
l'amarre.

On connaît ces choses si l'on sort; mais on peut avoir le dimanche casanier. — « Dimanche, où qu'on ira, dis, m'man, s'y fait beau? — On n'ira nulle part, ça fait qu'on sera plus vite revenu. » N'aller nulle part est tellement la promenade de la plupart des parisiens, qu'il n'est comme les parisiens pour ne point connaître Paris. Ils possèdent à peu près la banlieue, mais de leur propre quartier ils ne savent rien. Tradition, archéologie, histoire : lettres mortes. S'ils colportent quelque légende, c'est un conte de nourrice. L'âge des vieilles pierres leur échappe. Ils ignorent qui représentent les statues. Ils passent à côté de la tradition, la frôlent et ne la soupçonnent pas. Il leur est bien revenu qu'il arriva là quelque chose il y a longtemps, mais du diable s'ils savent quoi! Et s'ils se mêlent de savoir quoi, c'est encore pis. L'ignorance qui se tait passe; mais, ô Dieu! l'ignorance qui pérore!...

Avec quelque culture historique et l'attachement à un sol abondant en souvenirs, la flânerie des dimanches ne serait jamais prise de court. On lui préfère, vide, veule et banale, la flânerie qui ne pense à rien. On sort : où va-t-on? Est-il important d'aller quelque part, pourvu qu'on sorte? D'ailleurs, on ne sort pas pour soi, on sort pour ses habits. On promène son complet neuf. On donne de l'air à sa dernière robe. On ne peut pas toujours laisser les effets dans les armoires où ils se mangent. Sortir, c'est secouer ses jupes, une manière d'attraper les mites et d'affamer les vers.

Les gamins sont culottés de frais, on leur a dit : « Faites attention. Y aura des gifles, s'il y a des taches! » Ils voudraient se distraire aux incidents d'une balade monotone, courir un peu, s'émanciper, ils n'osent pas. Raides comme de petits pieux, l'aspect d'empaillés, ils vont, moroses et figés, devant les parents — non moins figés ni moins moroses.

L'esprit sans but porte la foule endimanchée où est la foule.

Panurgienne sans plus, elle est là pour être là. Le petit employé et sa femme, cossus dans l'étriqué, lorgnent les boutiques, lents, déambulants et somnolents, les bras ballants. Leur tristesse processionne, selon une voie tracée, invariable. Le trottoir de gauche à l'aller, celui de gauche au retour. Ils échangent, dans ce trajet, peu de mots. Et ils ne rient pas, n'y ayant point sujet. D'ailleurs, naturellement graves, dès qu'ils sont bien mis. Ils font du spleen par genre et se promènent comme ils iraient aux offices. C'est une dévotion. Le dimanche, trop comme il faut, ils s'ennuient, et c'est leur seule façon de s'amuser. Ils ne s'ennuieraient pas moins chez eux, habillés et oisifs, pour ce qu'il est décent, les jours fériés, d'être bien vêtus et de ne rien faire.

L'art de combler ce vide est spécial aux très petites gens. Les concierges se font des dimanches d'immobilité, heureux et béats. Ils se rechangent l'après midi, et contre la porte, sur le trottoir désencombré, apportent leur chaise; ils s'assoient. Ils lisent un feuilleton très noir ou jabotent avec une voisine, secouant sur la tête des locataires les poussières de leurs souvenirs. Ils digèrent les yeux mi-clos, comme de gros chats, satisfaits.

En fumant sa bonne pipe des dimanches, avec le garçon de magasin, pour qui c'est repos, le pipelet, sur une table improvisée, fait un écarté interminable. La partie est intéressée, on joue l'apéritif. Le charbonnier s'y joint, et l'on sent à le voir que ce n'est pas un jour comme les autres : il est blanc. Ça fera trois tournées, ce qui promet une pointe d'ébriété sur les sept heures. Mais est-il si extraordinaire que, le jour du Seigneur, on se promène un peu dans ses vignes ?

Le commerce de bouche demeure seul actif dans l'accalmie hebdomadaire. La pâtisserie est engageante, pourvue en tartes aux amandes et en saint-honorés. La pâtissière est engageante aussi. Et les rubans de ses atours ont l'air d'enrubanner son comptoir.

Parfois, à l'approche des termes, aidé des gosses, pour qui c'est encore un plaisir de dimanche, quelque pauvre diable, profitant que c'est jour de repos, tire la charrette où tout son saint-frusquin s'empile. Ces heures rudes sont joyeuses. Le temps

passe vite à bibeloter chez soi, à remuer ses meubles et à planter ses clous. Le logement donne sur la cour ; sans être folâtre, il a son agrément. On a le concert. Y a-t-il une fuite d'opéra qu'on est aux premières loges. Les musiciens ambulants sont l'objet d'une sympathie particulière. Une légende bienveillante les escorte : ils sont

tous, pour l'auditoire gobeur, des premiers prix du Conservatoire ; le théâtre leur fit des ponts d'or, mais ils préférèrent la liberté ! Ils donnent des aubades aux locataires des maisons dont les concierges ne sont pas insensibles aux beautés du grand art. Ils les donnent chez les marchands de vin quand il pleut. Les musiciens ambulants ont toujours eu l'horreur de l'eau.....

A
travers
les
Rues

A travers les Rues

LA FLEUR DES RUES.

COCHERS. AUTOUR DES MARCHÉS.

PAUVRES GENS.

La Fleur des Rues

AR la nuit, l'œil s'enquêtant, l'oreille au guet, où vont ces hommes ? Ils gagnent la forêt prochaine. Ils pénètrent en son ombre mystérieuse. Le plus ancien, d'un geste large, désigne les branches d'un chêne. Ses compagnons les atteignent et coupent le gui sacré. Sont-ce point là des druides ? Ce sont des camelots.

Les religions ne meurent jamais tout entières. Les dieux ne s'en vont pas, ou, s'ils s'en vont, c'est le temps d'aller dans la coulisse changer de barbe. Voici nos païens revenus sur les boulevards, dressant en face du buis bénit la concurrence de l'ancien gui sacré.

Il est douteux que les druides de Ménilmontant ou de Belleville, pour sa cueillette, observent les rites; qu'ils attendent le sixième jour de la lune et choisissent un chêne trentenaire. Au pied, font-ils les libations prescrites ? Qui le sait ? La coutume sur ce point pourrait être d'autant moins altérée qu'ils le sont davantage. Pour la faucille d'or, ils la doivent remplacer par un eustache qui peut être celui des sacrifices humains. Mais est-ce bien au chêne qu'ils demandent la plante parasitaire? Elle vient aussi sur les pommiers, dont les branches sont plus accessibles. Quelles sont les vertus de ce gui de contrebande? Païenne inconsciente, dans sa candide apostasie qui muse à toutes

les superstitions, la parisienne lui prête les vertus qu'elle lui désire. Elle suspend au-dessus de son lit le talisman de joie et de prospérité. Elle l'acquit d'un pauvre homme qui s'en allait, la gaule à l'épaule, dans la foule et qui, couvert de gui plus qu'un chêne aimé de Belen ou de Tarann, n'en était pas plus heureux. Cette contradiction échappe à la parisienne, druidesse par occasion, à qui Velléda sourit. En ferait-elle la remarque qu'elle s'entendrait dire, par ces vendeurs en guenilles des amulettes bienveillantes, qu'elles portent bonheur, mais aux personnes qui ont de la chance.

La verdure de la banlieue revient ainsi dans la cité, en détail, sur le dos du gagne-petit. Il fait argent de la moindre pousse et toutes les herbes sont pour lui de la saint Jean. Triton hirsute, aux naïades de la Seine il dispute des roseaux; il en demande aux étangs et les rapporte à brassées. Ils deviennent les palmiers des intérieurs modestes ou des meublés de la galanterie. Les nymphes des ruisseaux volontiers les disposent à la source de leur chétif Pactole. Qu'aiment-elles en ces feuilles nées de la fange, au panicule symbolique? Joueuses de flûte, rendent-elles un hommage à Pan, qui, dans un roseau, tailla la première?

Que d'obscurités mystiques dans notre amour du feuillage et des fleurs! Toute la poésie du divin mystère est sur le sapin qui verdoie l'asphalte, la veille de Noël. Ceux dont les petiots sanglotent, oubliés du messager céleste parce que, va-nu-pieds, ils n'ont pu mettre leurs souliers dans l'âtre, aux bambins fortunés vendent des ifs minuscules, apportés de loin sur l'échine en deux pliée. Il y naîtra des joujoux et des gouttes de lumière. « Quatre sous, le petit sapin de Noël! Qui n'a pas son petit sapin? »

Et qui n'a pas le houx du Christmas qui appelle sur le foyer les divines félicités, le beau houx d'un vert sombre et profond, aux feuilles hargneuses, mais toutes perlées de corail? Le camelot industrieux coud des perles s'il en manque, et nul ne s'en choque. La végétation vient rarement à la ville sans faire un bout de toilette. Le citadin aime la nature, mais pas tout à fait naturelle. Il conçoit que, pour avantager leur taille, on mette aux camélias, comme aux dames de ce nom, des corsets de fil de fer, et que, de temps en temps, pour changer, il y ait des bleuets verts et des roses bleues.

Oh! combien je vous préfère, centaurée dédaignée du snobisme opulent, bouquets d'un sou, qui sentez si bon votre terroir! Vous avez poussé à la grâce du temps, où il plut à la Providence. Et aussi sauvages et pourtant familières, avec votre charme un

peu d'anémiques, vous ressem-
blez à celles qui vivent de
vous avoir tuées. Car la fleur
ne donne pas de miel qu'à
l'abeille : le pauvre aussi la
butine. Cette création de
charme qui combine la couleur et le parfum est la ressource du commerce indigent.
On ne meurt pas de faim
quand, dans les mains, on a
des fleurs. C'est une ressource pour la vieil-
lesse des femmes. Flores
en cheveux blancs,
sous le bonnet noir,
elles ne visent plus
à séduire.

Peut-être furent-

elles jolies en leur verte nouveauté,
quand fleuronnait leur âge. C'est de
l'histoire très ancienne. Elles ont passé
fleurs et elles en vendent. Sous le parapluie pisseux qui abrite du soleil les
odorantes jonchées, commerçante privi-
légiée dont l'agent respecte la station,
dans l'attente du client, sollicité par de

plus actives, M'ame Flore somnole. A quoi
peut-elle rêver? Voit-elle passer devant ses yeux mi-clos les amantes
toutes fières d'arborer au corsage le bouquet que ses vieux doigts
gris et tremblants assemblèrent? Elle sourit. Est-ce d'avoir à l'amou-
reux fervent enseigné, art aussi subtil que celui des philtres, qu'il
n'est pour se faire entendre que de laisser parler les fleurs?
Autour de sa voiture, deuils et plaisirs ont fait leur choix. Elle a
vu venir le novice embarrassé du bouquet qui livrait à tous le
trouble de son cœur, et le roué qui des
fleurs savait la puissance entremetteuse,
et lui achetait des roses comme il eût
soudoyé des duègnes. «Fleurissez-vous,
mesdames! Fleurissez les messieurs! »
Et voilà pourquoi somnole, en souriant,
sous son parapluie de cotonnade, M'ame
Flore, en cheveux blancs, et les pieds
dans ses sabots.

Notable commerçante du pavé, à
qui le stationnement est permis, elle a
des concurrentes qui ne jouissent point

de cette faveur. Leur éventaire volant est un panier d'osier. Elles l'ont au bras, ne le pouvant poser à terre sans que l'autorité les pourchasse. Pauvres juives errantes, condamnées à la dure loi de marcher sans cesse. Sous un auvent qui est lieu d'asile, sous une porte cochère secourable, elles déposent parfois leur gracieux fardeau et c'est une courte halte, car la fortune, elles le savent par l'expérience de toute leur laborieuse vie, n'est pas à qui l'attend; elles savent aussi qu'elle n'est pas souvent plus à qui la cherche... Le gain est léger dans la fleur des rues, quand la marchande ne se vend point avec sa marchandise, qu'elle s'achalande de bouquets sans chercher l'équivoque et qu'elle rend leur monnaie aux vieux messieurs.

Les bons jours, c'est aux sainte Marie ou aux sainte Jeanne. Le peuple est resté fidèle au calendrier. Il se plaît à parfumer les noms de baptême qui sont toujours jolis quand ce sont des noms aimés. Marie demeure la marraine la plus fêtée. Son jour, même sans le carillon liturgique, serait de grande liesse pour le faubourg. L'Assomption lui brode un tapis de fleurs; il se déroule somptueux et pittoresque par toutes les rues de la cité.

Ce parterre, qui recrute pour son négoce des marchandes de hasard, parmi les extras toujours disponibles du chômage et de l'indigence, se disperse en une seule journée. Avec leurs faux-cols à la Royer-Collard, les bouquets guindés et poncifs, et les fleurs en pots, s'étalent sur la table de la patronne, près de la demoiselle de comptoir et à la fenêtre de Mimi Pinson. L'estropié de l'échoppe à sa compagne apporte son pot de basilic, qui, dans le parterre des vieilles savates, jettera sa note printanière. En faut-il aux petites gens davantage pour rêver? Victor Hugo leur faisait dire:

Nos jardins étaient un pot de tulipe.

Des jardins qui sont *un* pot, c'est le luxe floral des mansardes.

Il suffit au bonheur des simples. Leur songe s'y promène, attendrissant, les soirs. Et que de soins pour cette fleur unique! On la désaltère avec tendresse; on la garde des rayons trop vifs. Contre le froid des nuits on l'abrite. Elle a le bonjour du premier réveil. S'il lui vient un bouton, cette proche maternité redouble le respect qui l'entoure, l'amour qui la choie. Tout a une fin, la sève se tarit. La femme soupire, le cœur gros : « Je crois bien que décidément notre pauvre géranium est perdu! » Les voisines donnent des consultations, autour du moribond, empressées : « Si j'étais que de vous, j'y mettrais du marc de café. » Horticulture, tendresse et exercice illégal de la médecine!

Elles sont adorées, ces fleurs, et cette adoration est la ressource des sans-travail. En la belle saison, ils les vont cueillir à plus de dix kilomètres à la ronde. Toute la maison se met en chemin. Les mères avec des paquets sur les bras qui sont des nourrissons. C'est une maraude. On dresse les gosses à faire le guet, apprentissage qui leur servira peut-être plus tard, quand ils seront grands. On saccage un peu les blés, pour leur prendre leurs bluets.

Si la récolte est abondante, la journée est productive. Savez-vous que ça fait sa pièce de dix sous, une gerbe d'une centaine de fleurs?

La moisson finie, on revient en ville, par le bateau; le passage y est si bas prix. On s'arrête sous un pont; c'est l'auberge que l'on connaît, à l'enseigne de la Providence, et, toute la marmaille s'en mêlant, on y fait des bouquets qui deviendront du pain. C'est tout profit qu'un négoce où il n'est de première mise de fonds que sa sueur, et qui n'exige d'autre installation que de s'asseoir par terre.

La fleur est charmante, par essence, mais elle n'est chic que par mode. Il y a des années où le bluet n'est pas chic : il déshonnorerait un homme du monde. Sa vente se ressent de cette défaveur. Le métier ne rémunère le misérable que s'il risque de fournir, non de première main, la boutonnière du prince.

Toujours quelque prestige escorte ainsi la fleur, et quelque symbolisme l'entoure. Elle n'entre guère en la maison du pauvre que les jours d'allégresse, et elle en porte, jusqu'à la suprême défloraison, l'éclatant témoignage. Elle rappelle une attention, un hommage, une flatterie; la caresse d'un enfant, le baiser d'un époux, le désir d'un fiancé. De là ses fidèles, quasi ses dévots. Son culte s'accuse dans l'adieu à nos chers défunts. Sur le char le plus modeste des bouquets fleurissent. L'Église s'en alarme, redoutant l'extension d'un usage qui va contre ses rites. Elle condamne, comme exhalant une odeur païenne, l'encens suave des fleurs sur les morts effeuillées!

Cochers

ON nom? un numéro. Son domicile?
son fiacre. C'est sa façon d'être en
meublé. Un loueur, pour la journée,
lui cède une antique guimbarde.
Quelque chose comme la berline
de l'émigré. Ça a l'aspect vénérable
des documents préhistoriques. C'est
cassé, rouillé, vermoulu. Les por-
tières disjointes n'ouvrent que par
caprice; les coussins endurcis sont
comme des crins, mais n'en ont
plus; des ficelles rafistolent les bran-
cards; et c'est d'un « décrochez-moi
ça » pour chevaux que descend le harnais
délabré, délavé, rapiécé, infâme. Une hari-
delle assortie à cette détresse, pauvre être
de souffrance, si mal récompensée de son

9*

long et courageux labeur, complète de sa carcasse étique, portée sur quatre pieds boiteux, ce minable attelage. Avec un bruit de ferraille et les ressorts geignants, ça s'en va cahotant, tout de guingois, dans l'espoir d'un client assez abandonné du hasard pour en venir à se confier à ce char suspect.

Sa tenue ne jure pas avec le reste : rien dans cet ensemble pittoresque ne détonne. Rouillé, usé, cassé, la peau tannée et le nez si piqué de piquette qu'on ferait vendange à le presser. Il a la loque épique, sordide avec splendeur. Sa houppelande souillée, que les accrocs étoilent, par ses boutons armoriés dénonce l'aristocratie de son origine. C'est la défroque de Ruy Blas déclassée pour Choppart dit l'Aimable.

Le vieil homme est l'enfant de la rue; il y vit, il y dort, il y mourra. Moins malin, vagabond à pied, il coucherait sous les ponts et sur les bancs, houspillé sans cesse par le sergot. Ce n'est pas pour rien qu'il eut une jeunesse cultivée. En veine de confidence, il avouerait un bachot ou quatre ans de séminaire. Les humanités mènent au raisonnement. C'est ainsi que, tout bien pesé, sans sou ni maille, que quelques pièces fausses qu'il écoulera à des clients distraits, il est le vagabond qui roule sur le pavé de Paris en carrosse. Ça lui fait une position sociale, et ça lui donne la soupe et le gîte. Ses quarante sous abandonnés au loueur, grimpé sur son siège, cahin-caha, il s'en va stationner près de quelque gare. Il prend la file; elle est interminable, il n'en a cure. Rien ne le presse de travailler. Il chargera au train; à celui-ci ou à un autre. Il n'est pas cocher pour la clientèle, il n'est cocher que pour le fiacre. S'il fait chaud sur son siège, affalé et bienheureux, il ronfle comme un tuyau d'orgue. S'il fait froid, il s'abrite dans sa voiture, fume sa pipe, rêvasse ou dort. L'agent l'éveillera.

Cette fantaisie de l'éveiller prend quelquefois à des voyageurs. Ils ont la candeur de supposer que ces fiacres sont destinés à les transporter eux et leurs bagages. Ils courent à la queue des voitures, frappés d'abord de n'y voir que des sièges déserts. Téméraires, ils ouvrent la première portière venue et, épouvantés, reculent. D'une masse inerte, invisible dans l'ombre, sortent des sons inarticulés; si on la secoue, ça bouge. Une forme se dessine, inhumaine encore, et le tas déboule, tombe sur le trottoir au bruit de deux sabots. C'était un cocher qui dormait.

Grommelant contre le fâcheux qui le dérangea, il se console en pensant qu'il tient sa vengeance. Elle est horrible. Qui a pris sa place est, pour l'avoir prise, empoisonné. Il a saturé son véhicule de ses propres relents. Il en a fait une tabagie. L'asphyxie se prolonge d'autant plus que le fiacre va à pas comptés — sans compteur. Serait-on arrivé? Point. C'est le cocher qui, mollement, laisse flotter les rênes, poursuivant sur sa voiture le somme qu'il avait commencé dedans...

Les objurgations n'entament point le cuir tanné de sa philosophie. Il n'en fait qu'à sa volonté. Il va comme il lui plaît et sur le chemin qui lui plaît. Fantaisiste est son itinéraire; on le presse, qu'il ne se presse pas. Puis, quoi, son cheval est fatigué. Argument sans réplique dont le bien fondé n'est que trop réel. La bête excédée lui donne raison, soufflante, geignante, poussive, réduite par la famine et sa pauvre chair martyrisée par dix ou quinze ans du bagne de Paris. Elle a aussi des habitudes; indifférente aux coups, elle va, somnambule, son trot familier, tout d'une pièce, roide, ankylosé, — son trot mécanique de chevaux de bois.

Heureux le vieux canasson qui tombe sur le vieux cocher! Il échappe aux Éliacins du fouet, sans mesure ni pitié, poussant à tour de bras, par gloriole, de malheureux animaux qui n'en peuvent plus. Avec l'ancien, si l'on n'est pas très nourri, du moins, n'est-on pas trop battu et ne travaille-t-on guère. On ne prétend pas aux prouesses du Grand Prix; que l'on fasse ses deux ou trois petites courses dans sa journée et l'on sera content. Ça fera les deux rations : l'une de vin et l'autre d'avoine. L'un chopinera au « Rendez-vous des Cochers », l'autre, le nez dans la musette et la musette sur les sabots, la provende grugée, s'assoupira. S'il ne dormait en station, où dormirait-il? Il ne rentre à l'écurie de

plusieurs jours, une fois dehors. Son maître ne relaye pas. Son fiacre est sa roulotte : il y passe ses nuits. Il y a sa garde-robe : ses chaussettes russes. Il y a son mobilier : une pipe. Il y a même ses papiers de cocher, prêtés par un autre, la préfecture ayant jugé prudent de lui retirer les siens.

Si l'ambition lui vient de travailler la nuit — tout arrive ! — il guette les fenêtres des maisons où les lustres étincellent; il s'arrête à la porte des restaurants où la noce se trémousse; il attend la sortie des décavés du cercle; il se met aux ordres des couples que le champagne tardivement émoustille. « Une voiture, patron? » clame-t-il au noctambule en bonne fortune. Il s'empresse au-devant, l'invitant à s'embarquer — ô Watteau! — dans son fiacre pour Cythère.

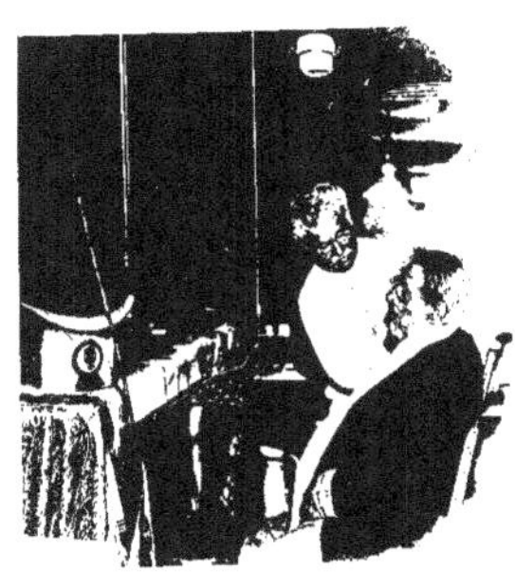

« Enfin seuls! » s'écrie la belle enfant, se laissant choir sur des coussins plus durs que son cœur; mais des démangeaisons, qui ne sont pas d'amour, lui apprennent qu'on n'est jamais seul dans ce fiacre vermineux. Pensez-vous que Diogène s'abaissait à ces vétilles? Or, le nôtre, c'est Diogène avec deux lanternes à son tonneau. Vêtu une fois pour toutes, sa guenille fait partie intégrante de son être; elle colle à sa peau, elle est sa peau, si parfaitement adaptée à son individu, qu'on ne se l'imagine point quittant, fût-ce pour dormir, ses haillons de Nessus.

Il ne lui reste qu'une coquetterie : il se fait raser, la barbe n'étant pas professionnelle. A la rigueur, s'il fut soldat, il conserve la moustache, mais il préfère le menton bleu et la face glabre. Ça lui donne des airs de notaire défroqué, d'ancien cabot, et cette espèce de gravité vénérable que Vallès se plaisait à voir aux vieux forçats.

La figure se lit mieux sans poil. On lui voit la lèvre dédaigneuse pour ce qu'il méprise volontiers; on lui voit le front

obstiné, la mâchoire proéminente. Exercé à tourner l'obstacle, habile à le mesurer, en alerte par le danger constant, prompt à discerner dans l'inconnu qui le hèle la générosité du pourboire. Son œil est vif, intelligent et clair. Dans ce naufrage de tout un être demeure perspicace et avisée, lueur inextinguible, la flamme de la prunelle. Il est bancroche, il est aphone, il est sourd, mais il voit. Il voit juste, loin et d'avance. Il scrute, il sonde, et ne se trompe pas. Il analyse l'humanité du haut de son siège, sa tour d'ivoire. Il apprécie son manège, complice discret de ses faiblesses, comparse bénévole de ses passions. L'homme s'agite, il le mène. Il a en pitié son agitation, et c'est peut-être de tant hausser les épaules qu'il a le dos si voûté.

« Cocher, à l'heure! Un peu vite! » Il va son pas monotone. « Cocher, à la course. Dépêchons! » C'est la course à l'abîme, n'est-ce pas bourgeois? En raisonneur, dont la raison nous échappe, pour ce qu'il a jugé de l'inanité de nos hâtes, il n'en va que le train régulier dont son pouls, sans frisson de fièvre, bat la mesure.

Le fabuliste a vu, au pays d'Ésope, un fou qui vendait la sagesse. C'est à Paris le métier des vieux cochers de fiacre rebelles à nos névroses, satisfaits de peu et même de moins, vagabonds en équipage, qui, pour promener sans fatigue leur curiosité de philosophes, ont tout simplement mis des roues à l'auberge de la Belle-Étoile.

Autour des Marchés

'EST-CE pas Calderon qui a conté cet apologue?
Un pauvre, sur la route cheminait, tenant à la
main les herbes cueillies pour son repas. Il les
triait, rejetant celles trop sèches ou trop amères.
Or, voici qu'ayant tourné la tête, il vit, derrière
lui, un pauvre qui ramassait, pour en faire sa
nourriture, les herbes qu'il avait rebutées. Si malheureux qu'on
soit, il est toujours plus malheureux que soi. Et si indigent qu'on
devienne, on reste toujours le riche de quelqu'un.

Vous l'avez pu remarquer au faubourg, qui a, comme la
province, son marché à jour fixe, pimpant et bariolé. La ména-
gère des humbles y fréquente, et quand elle a passé, dédaignant
des reliefs trop maigres, il en est des plus pauvres qui passent,
et pensent que, sans plus, ils se trouveraient un festin.

Il était trois petits enfants qui s'en allaient glaner... à la rue.
Ils avaient de pauvres petits membres de rien du tout, des

faces d'hébétement et un teint de misère. Ils erraient entre les maisons, hardis, et cependant timides, comme des êtres qui grandissent dans l'indépendance du pavé et la

crainte des sergents de ville. Ce n'était point, s'ils tremblaient, qu'ils fissent du mal, mais ils étaient mal mis, et ils en sentaient le préjudice. Ils avaient pris la fâcheuse habitude d'avoir faim, et chez eux, — quand ils avaient un chez eux, — on ne

faisait pas grand'chose pour la leur faire perdre. Aussi, portaient-ils des regards de convoitise sur les succulences étalées aux vitrines où leurs nez s'écrasaient. Leur gourmandise naïve s'extasiait, sans y prétendre.

En imagination, ils goûtaient à ces chatteries de Tantale; mais pour les punir d'être si goulus, leur estomac leur infligeait des crampes. Lorsque des petits garçons, qui étaient riches, achetaient des glaces au marchand qui en vend à la vanille, pour un sou, nos déplorables gueux les regardaient manger. Ils n'en avaient aucune amertume et se bornaient à supposer que ce devait être bien bon. Et leurs yeux se régalaient!

Leur promenade de prédilection était le marché, le marché volant qui s'improvise à l'aube et à midi s'évanouit. Ils rôdaient à distance, puis s'approchaient quand les marchands, pliant bagage, resserraient la denrée invendue, aux ordures jetant l'invendable. Nos maraudeurs les guettaient là. Un bout de carotte, une feuille de chou, un poireau échappé de sa botte, des petits pois isolés et recueillis un à un : c'est de quoi faire la soupe, ou en donner l'illusion. La cloche a sonné. L'autorité harceleuse bougonne. Le dessous du panier est à vendre en hâte. « A qui, pour les finir! » Fraises baveuses en tas, cerises tournées, poires qui ont le ventre mou.

Les trois gosses sont plantés devant, la bouche grande ouverte et les yeux plus grands. Le rabais s'accentue, l'heure de vendre passe et la chance aussi. Tout espoir de gain fuit. « Hé! là-bas, les moutards! » Ils se précipitent, fille le tablier tendu, garçon la main arrondie en écuelle. Ça s'emplit de choses qui jutent. La grande sœur présidera à leur distribution, grave déjà, de cette gravité maternelle des fillettes de faubourg qui, de bonne heure, s'apprennent à porter dans leurs bras débiles le fardeau des enfants. Elle sera équitable, et s'il est une part inégale, ce sera, plus petite, la sienne...

Sur l'étal, maintenant débarrassé, de ses vendeurs désert, se dresse le banquet. Les moins grands, convives assis à cru sur la planche, mangent, l'air jovial et la bouche hilare, — pour ce que la panse satisfaite met l'homme en belle humeur.

Il était trois petits enfants.....

Une autre fois, la neige tombait. Une marchande des quatre-saisons poussait sa voiture en vain sur le pavé impraticable. Les oranges étaient son négoce. La toile cirée les recouvrait en les modelant. Les petits se firent du coude et l'aîné offrit à la bonne femme l'aide de ses camarades. « Voulez-vous-ty que nous poussions? » — « Ce n'est pas de refus, mignon. » La troupe, s'acharnant, eut raison de la roue indocile, et, grâce à ce renfort, la marchande, ce soir-là, ne resta pas sous la neige, en détresse. Généreuse en fruits d'or, dont elle fit aux poches des fluxions, elle paya le service qu'elle supposa naïvement rendu.

L'eussent-ils rendu à toute autre? Devant que de l'aider à pousser la charrette, n'en avaient-ils point apprécié le contenu? Savaient-ils point qu'en présents, flattant leur gourmandise, la marchande leur serait reconnaissante? Se fussent-ils empressés pour une charrette dont la charge eût été plus indifférente à leur convoitise?

Aux grands, la vie offre souvent l'occasion d'obliger. Ils obligent quelquefois. Le mouvement qui les y porte, étudiez-le : ils ont vu les oranges.

Pauvres Gens

L'heure grise. Dans le gris ardoisé du matin, alors que Paris, paupières et persiennes closes, au lit s'attarde, la petite industrie de misère descend de ses taudis. Elle vient chercher les reliefs méprisés du banquet, qu'aux chiens errants elle dispute.

Autrefois, dans la nuit, le chiffonnier légendaire, la lanterne d'une main, le crochet de l'autre et, sur le dos, le « cachemire d'osier », picorait de tas en tas, vaquant dans la foule des noctambules, silhouette familière des rentrées tardives. La création des boîtes ménagères, qui ne laisse sortir les « vidées » qu'à l'aurore souriante, a soufflé sur sa lanterne. Il ne descend plus qu'au blafard matin, tirant, aidé de la mère et des gosses, la carriole attelée à quatre, comme une daumont. Un bon gros chien au brancard, à la mode belge, donne, avec ses frères à deux pattes, son coup de collier, suant, soufflant, tirant la langue, fier de son utilité sociale.

Il y a mieux que ces équipages. Tout commerce a perdu sa primitive simplicité. Le maître chiffonnier possède cheval et voiture. Ce n'est point, sans doute, un coupé de style, attelé d'un pur-sang. La bête fut sauvée de l'équarrisseur et la voiture de la réforme. Ça ne fait pas moins, à qui monta cette écurie, une jolie situation de propriétaire. Il est quelqu'un dans sa cité, et on lui tire le bonnet chez la « Marquise ».

Rien là du faubourg Saint-Germain, où il ne fréquente qu'à la « piquette du jour » et pour son travail. La « Marquise » est la grosse dame qui spécula sur des terrains abandonnés. Elle s'y fit un abri de vieilles planches et de plâtras. Dans le même style, elle édifia d'autres cabanes, à l'entour de la première. Les chiffonniers, expulsés des Mouffetards, d'où les palais modernes ont culbuté les bicoques, s'y vinrent réfugier. L'affaire prospéra. Les masures se multiplièrent. La cité s'étendit, devint lieu d'asile, accueillante à une population de partout chassée. Elle eut en propre ses mœurs, ses goûts et son argot. Elle fut autonome, fermée aux curiosités du dehors. Cour des Miracles de l'immonde, truanderie de la loque.

Comment vivent-ils en ces géhennes, les vieux dont les yeux rougis disent la misère physique? Nés dans l'abjection, en bas et dans l'adversité, ils y croupissent sans plainte ni courroux et ne gémissent, d'une voix douce et lointaine, que sur la modicité des gains chaque jour s'avilissant quand les exigences des maîtres augmentent. Car ces affranchis du collier, ces philosophes, hier indépendants, ont des maîtres. Thomas Vireloque est sous le joug!

On dépend de l'homme au cheval, intermédiaire onéreux qui s'insinue entre le marchand en gros et le biffin, — entre l'industriel et les « ramasseurs », derniers et rares types du Diogène à la lanterne; les « coureurs » ramasseurs ayant assez d'acquit pour lever leurs quarante kilos par journée et, enfin, les « placeurs ». Ces placeurs sont des fermiers dont le patron est le fermier général.

Ils lui ont loué le droit exclusif de chiffonner devant vingt-cinq portes à une « place » fixe. L'invraisemblable est ce partage de Paris en circonscriptions chiffonnières. Ils ont leurs clients dont ils connaissent les usages. Le sac accroché au même clou, et gardé par la vieille, marque leur établissement. L'heure venue, le biffin sonne. Le concierge, dont il a mérité la confiance, lui ouvre. Il quérit le récipient copieux en ordures, le traîne sur le trottoir, l'inventorie avec dextérité, séparant l'ivraie de l'ivraie; assez honnête, dit-on, pour reporter l'argenterie fourvoyée dans ces immondices. Il est connu et estimé. Il donne aux commerçants matineux un bonjour qu'ils lui rendent, les ilotiers lui font la causette et, à l'arroseur, il serre la main. Au demeurant, un garçon sérieux, d'habitudes régulières, chétif, aux traits fins, qui s'exprime sobrement sur toutes choses, avec l'accent gras et traînard de la plèbe faubourienne.

Sa sœur fait même métier. Est-elle jolie? Le sait-on? Le haillon qui l'affuble trahit ses quinze ans. *Virgo intacta*, elle vit des souillures et, avec elles, sordide, sans se mêler, se confond — jeune fille à la poubelle, lis sur le tas d'ordures. Elle croise les attardées de nuit qui la méprisent de tout ce qui sépare le clinquant de leurs toilettes de la misère de ses chiffons. Ce serait à elle de les mépriser, si son dégoût se pouvait manifester pour les corruptions. Ces sœurs dévoyées sont, à ses yeux, comme d'autres détritus que les chiffonniers d'amour courant les déchets recueillent la nuit, à la lueur équivoque de la courte flamme d'un éphémère désir.

Par quels miracles d'harmonie, pour toute tâche à remplir, si basse fût-elle, y a-t-il assez d'ouvriers? Les chiffonniers sont quarante mille qui, chaque jour tirent du néant où nous les rejetons, cinquante mille kilos d'impuretés transformables. Ça représente un chiffre d'affaires de plus de trente millions l'année. Quand la statistique a donné une telle référence, l'aveu qu'on est biffin

coûte moins à l'orgueil. Ce déguenillé est d'une corporation trente fois millionnaire. Saluez bas : il vaut le coup de chapeau!

Le chiffon nourrit donc son monde. On y est né, comme les siens y naquirent. On y reste et l'on fait souche. Sorti de là, à quoi prétendre? A désirer plus haut où l'on a plus de besoins? On végète à si peu de frais dans la cité dont le pittoresque voile la laideur. Puis les choses n'ont que la couleur que nous leur prêtons. Le pays où l'on naquit enfin n'est-il pas de tous les sites le plus enchanteur? On le pare des séductions qu'on a en soi, et, par ces reflets d'âme, sa beauté s'extériorise.

Ce fut là aussi qu'on vécut les minutes exquises des premiers enchantements. Comme dans le théâtre de Shakespeare, où les sentiments sont assez profonds pour se passer de décor, l'amour à vingt ans improvise des palais avec ces ruines, des féeries avec ces souillures. L'idylle fleurit dans le bouge. Les Juliette des vieux os aiment les Roméo des peaux de lapin. Et c'est aussi

beau qu'à l'Opéra. C'est plus beau quand ils ferment les yeux, éperdument embrassés. Époux féconds, ils sont les seuls qui conjurent encore le krach des familles.

Ça grouillera vivace et tumultueux, petits ours mal léchés. Ça n'aura pas l'air d'être en porcelaine décorée, article fragile. Ça vous aura tignasse au vent et crasse au nez. Sevrés des distractions des heureux, ça fera fête à tout ce qui aura apparence de fête ; les boyaux pris aux rumeurs des tambours, les yeux ivres des couleurs de la foire. Quelle partie quand viendra le bonhomme au manège que traîne un bourriquot ! Hue, sur les carcans au ventre plein, et en avant la manivelle !

Tournez, mes petits, dans votre joie équestre ! Sur ces chevaux-là, sur de plus beaux, sur de plus vrais ; dadas de pauvres, dadas de riches, dadas de bambins ou de grands messieurs : la vie n'est jamais, voyez-vous, que nos dadas qui tournent, qui tournent, qui tournent en rond.

IMPRIMÉ

PAR

MAY et MOTTEROZ

LIBRAIRIES-IMPRIMERIES RÉUNIES

7, rue Saint-Benoît

PARIS

HÉLIOTYPIES DE E. LAUSSEDAT

CHATEAUDUN

9 782329 683041